LA GARDE NATIONALE

DE LILLE

A LA COLONNE MONUMENTALE

DE BOULOGNE.

(15 AOUT 1841.)

LA GARDE NATIONALE

DE LILLE,

A LA COLONNE MONUMENTALE

DE BOULOGNE.

NARRATION.

Nous avons promis de donner à nos lecteurs un récit circonstancié de la mission que la garde nationale de Lille a été remplir à Boulogne, lors de l'inauguration de la statue de l'empereur au sommet de la colonne monumentale érigée sur la plage d'où il fit si long-temps trembler l'Angleterre. Des préoccupations importantes nous ont forcé d'ajourner ce travail : nous le reprenons aujourd'hui, bien qu'il puisse paraître tardif et qu'il n'ait plus l'attrait d'un événement récent.

La ville de Boulogne voulant donner à cette cérémonie une importance digne et grandiose, adressa à cet effet à la garde nationale de diverses villes, dans un rayon assez éloigné, l'invitation d'assister à la fête sinon en corps, du moins par députation.

Aussitôt que la garde nationale de Lille eut connaissance de cette invitation, elle résolut d'y répondre en envoyant à Boulogne une députation tirée de son sein et prise dans tous les grades.

M. le commandant Fréville-Delange et le capitaine Leleux, qui prirent l'initiative de cette mesure, craignant avec raison, sur les bruits répandus, que les gardes nationaux ne pussent se loger dans une ville où la cérémonie annoncée devait attirer un grand concours d'étrangers, prièrent M. le colonel Montigny d'écrire à la commission chargée des détails de la fête pour lui faire part de ces craintes et lui demander si, à défaut de logemens suffisans dans les auberges, la ville suppléerait à ceux qui pourraient manquer.

MM. les membres de la commission firent la réponse suivante :

Boulogne-sur-Mer, 5 Août 1841.

Monsieur le colonel ,

Je suis heureux de pouvoir vous exprimer le plaisir que nous aurons de posséder, pendant quelques jours, le détachement qui veut bien venir nous visiter.

Dans une réunion qui a eu lieu ce matin, il a été décidé qu'il serait pourvu au logement des gardes nationaux qui se rendraient à Boulogne pour la fête du 15 août; je me hâte de vous en faire part.

Veuillez, Monsieur le colonel, recevoir l'assurance de ma considération distinguée.

BERNARD.

Pour les commissaires délégués par la garde nationale de Boulogne.

D'après cette réponse catégorique, l'appréhension de manquer de logemens étant dissipée, un certain nombre de gardes nationaux, suivant un ordre du jour du colonel, se firent inscrire au bureau de l'état-major comme députés volontaires , et M. le major en dressa le contrôle officiel nominatif signé du colonel et approuvé par le maire de la ville. Ce magistrat eut même la complaisance d'y joindre une lettre de recommandation adressée à son collègue de Boulogne.

Muni de ces pièces , le commandant de la députation, accompagné de deux capitaines et d'un lieutenant, prit l'avance et partit en poste dans la nuit du 11 au 12 août.

Rendus le 12 à Boulogne, ces quatre officiers s'empressèrent de se présenter à l'Hôtel de Ville pour faire visite à M. le maire et lui remettre la lettre dont ils étaient chargés. Ce magistrat était sorti ; ils furent reçus par un adjoint qui s'excusa de ne pouvoir les entretenir long-temps, sur les soins nombreux dont les circonstances l'accablaient, et les pria de voir M. Sansot, commandant de la garde nationale, pour s'entendre avec lui sur la question du logement.

De la mairie à la maison de M. le commandant, il n'y a pas loin. On s'y rendit et après un moment d'attente dans le salon, M. Sansot vint les rejoindre en robe de chambre, s'excusant aussi sur les soins dont il était surchargé, de les recevoir en négligé.

Après avoir décliné sa qualité de commandant de la députation de Lille, M. Fréville-Delange lui remit son contrôle nominatif qui portait un effectif de 32 hommes et lui demanda si, conformément à la promesse de la commission de Boulogne, on pouvait compter sur des logements convenables pour ceux de ses camarades qui en manqueraient. Quand à nous, ajouta-t-il, nous en avons heureusement trouvés.

A ces paroles, M. Sansot répondit à peu près en ces termes : « Sans doute, messieurs, on a promis de vous » loger ; mais il ne faut pas prendre cette promesse trop » à la lettre ; je vous engage à vous pourvoir chacun de » son côté, et si tous vos camarades ne peuvent pas se » caser, M. le maire a mis à notre disposition les salles » de l'école mutuelle et du collége : on y fera placer de » la paille et ils s'y trouveront à couvert. »

Ce petit discours, prononcé avec un ton de légèreté qui le rendait encore plus désagréable, n'était pas de nature à satisfaire les interlocuteurs ; aussi s'empressèrent-ils de faire observer à M. le commandant que ce n'était point des logements de cette nature que l'on avait promis à la députation lilloise, et que l'on était en droit d'exiger mieux d'une ville comme Boulogne. Que voulez-vous, répliqua-t-il, il nous arrive tant de monde que j'en perds la tête et qu'on ne sait où le fourrer. Ce premier entretien se termina là.

Un pareil accueil ne devait pas nous séduire : Nous envoyer à l'école mutuelle, disaient ces messieurs, et nous faire coucher sur la paille, nous français, voisins, compagnons d'armes, dans une ville où l'on accueille avec tant de prévenance les ennemis de la France, c'est par trop impertinent ! Attendons, messieurs, dit un des officiers, ce n'est peut-être pas encore tout ce qui nous est réservé : puisqu'on nous traite en écoliers, si les vivres manquent on pourra bien nous mettre au pain sec. Cette saillie mit fin à la conversation et nos voyageurs s'acheminèrent vers le port qu'ils étaient impatiens de visiter et qui sans contredit est ce qu'il y a de plus curieux à la fois et de plus beau dans Boulogne.

Rien n'excite l'appétit comme le voisinage de la mer : c'est une vérité révélée avec un à-propos fort piquant dans le *Voyage à Dieppe*, pièce si spirituelle et si comi-

que de l'académicien Duval ; mais une promenade de
deux heures sur les bords de la mer l'excite bien davantage. C'est ce que *nous* éprouvâmes (car l'auteur de cette
narration était du nombre des officiers d'avant-garde
qui avaient si heureusement assuré le logement de sa
troupe) et cette incitation physique ou animale qu'on
nomme la faim, nous ramena machinalement et comme
par instinct à l'hôtel où nous étions descendus et où
nous attendait un succulent dîner.

Malgré le désappointement de la journée, le repas fut
d'une gaîté folle ; chacun disait son mot sur la réception
qu'on nous avait faite, sur le bivouac qu'on nous avait
préparé en paille fraîche, et sur l'école mutuelle à laquelle M. le commandant voulait nous envoyer, sans
doute pour apprendre l'art des bienséances sociales.

Après le dîner, le café ; c'est dans l'ordre. Après le café, une promenade sur la jetée ; c'est d'habitude à Boulogne, pour les oisifs et les étrangers. C'est-là que l'on
rencontre le beau monde et une multitude de gracieuses
ladies au teint pâle-rose, à la chevelure blonde, à la
marche sautillante qui font de la capitale du Boulonnais
leur séjour de prédilection, pendant une partie de l'an-
née. Aussi Boulogne a-t-il perdu le caractère d'une ville
française ; c'est, dans la partie basse principalement,
une ville toute anglaise. Dans la rue vous n'entendez
parler qu'anglais ; sur les enseignes vous ne lisez que
des inscriptions anglaises ; dans les cafés les journaux
anglais dominent de toute leur hauteur et écrasent de
tout leur poids ces feuilles pygmées que nous expédie la
presse parisienne.

Ne nous plaignons pas trop d'un pareil ordre de chose
cependant ; c'est à lui que Boulogne doit ses embellisse-
mens et les agrandissemens considérables qui en font
une des plus jolies, des plus importantes et des plus po-
puleuses villes du littoral de la Manche. Ce sont les fils
d'Albion qui y répandent l'aisance, y vivifient le commerce de détail et jettent sur elle comme un reflet de con-
fortable luxueux dont l'œil est agéablement frappé. Les
équipages y abondent : il y en a de beaux, d'élégans et
surtout de bizarres. A leur diversité on pourrait croire
que les carrossiers anglais sont les hommes qui ont le plus
d'imagination des trois royaumes.

Les chevaux y sont aussi en grand nombre. Règle générale : partout où se trouvent des Anglais il y a des chevaux et de beaux chevaux. Rien n'égale la passion de l'insulaire pour le cheval, si ce n'est celle de son gouvernement pour la domination.

A cette passion des chevaux, que l'Anglais possède au suprême degré, se joint chez lui une passion non moins vive : celle des paris. Toutes deux s'alimentent l'une par l'autre, de telle sorte que des paris dont le cheval est la cause et le mobile actif sont ce qu'il y a de plus commun en Angleterre. Ne nous étonnons donc pas que, parmi les fêtes de Boulogne, trois jours fussent consacrés à des courses de chevaux.

La première était annoncée pour le 13, lendemain de notre arrivée et jour de complet loisir pour nous ; car nous avions fait nos principales visites la veille et nous n'attendions nos camarades dont nous étions les précurseurs que le jour suivant. Que ferons-nous après le déjeûner, dit le commandant ? — Allons aux courses, répondit-on. Une résolution est bientôt prise quand on est tous d'accord : il fut décidé à l'unanimité que nous nous rendrions à l'hippodrome, car c'est de ce nom pompeux qu'on a décoré une bruyère stérile, accidentée, sabloneuse, située au bord de la mer, au lieu où il y a quarante-deux ans on avait établi le camp de droite de l'armée qui devait conquérir l'Angleterre.

Cependant une difficulté nous arrêtait : l'hippodrome n'est pas situé précisément aux portes de Boulogne, mais à huit kilomètres environ du centre de la ville, trajet assez long pour mériter qu'on réfléchisse avant de l'entreprendre. La question fut agitée si nous nous y rendrions à pied ou en voiture. Attendu l'impossibilité de trouver une voiture disponible, il fut décidé qu'on cheminerait pédestrement jusqu'à la bruyère ; qu'on profiterait de la marée basse pour suivre le chemin de sable que le retrait de la mer laissait libre et qui déjà était couvert de nombreux promeneurs. Nous les suivîmes et après une heure et demie de marche sur ce terrain mouvant, encore tout parsemé de coquillages et de plantes marines, nous remontâmes sur la dune, à peu de distance du lieu que nous cherchions.

Sur cette terre aride et montueuse dont le roc est la

base et que recouvre à peine quelques lignes de terre
végétale où croissent seulement un peu de mousse , de
rares bouquets de serpolet et sur laquelle rampent les
racines traînantes de l'*arista bovis* , s'élève un petit monument en pierre consacré à perpétuer le souvenir d'une
douloureuse catastrophe. C'est-là que l'infortuné Pilastre
Durosier, jeune et intrépide aéronaute du dernier siècle
tomba d'une hauteur de deux mille pieds et fut relevé
donnant encore quelque signe de vie , mais si horrible-
ment mutilé qu'il expira aussitôt (*). Son aérostat , parti
de la ville de Boulogne le 15 juin 1785 à 7 heures du
matin , devait le conduire en Angleterre ; tel du moins
était le projet de Durosier et de son compagnon, nom-
mé Romain ; arrivé à une grande hauteur le feu prit à la
Montgolfière ou ballon à réchaud et les deux malheureux
voyageurs furent précipités vers la terre avec une telle
rapidité que l'œil avait peine à les suivre dans cette immense chute. Durosier n'était âgé que de 29 ans et il
avait déjà fait plusieurs expériences de ce genre avec un
grand succès. Nous donnâmes une larme à sa mémoire
et nous nous arrêtames un moment pour jouir du magni-
fique coup d'œil qu'offrait la position.

Devant nous l'immensité de la mer, belle et calme
comme dans les plus beaux jours ; devant nous encore,
mais un peu sur la droite, l'horizon de cette immense
nappe d'eau borné par des nuages blanchâtres qui n'é-
taient autre chose que les rivages d'Angleterre éclairés
en ce moment par un brillant soleil ; à peu de distance et
toujours sur la droite, l'hippodrome orné de drapeaux ,
décoré de tentes et entouré d'une foule considérable ; de
là jusqu'au point visible vers la colonne, c'est-à-dire
dans la direction de Boulogne, une longue file de gens à
pied , à cheval, en voiture qui s'acheminaient lentement
à travers ces steppes sabloneux , sans chemin pratiqué et
que des trous de bêche creusés de distance en distance
guidaient dans leur route, comme les bouées du port
guident les pilotes qui veulent y pénétrer. Ce spectacle

(*) L'inscription mise sur le monument fait mention de ce fait ;
mais je ne me rappéle pas bien si c'est Durosier ou son compagnon qui donna encore quelques signes d'existence après sa chute.
(Note de l'auteur.)

était ravissant; mais c'est tout ce que nous vîmes de beau dans ce long et fatigant pèlerinage.

On avait annoncé une course aux barrières. Après une longue attente, un seul concurrent se présenta. C'était un cheval beau de race, mais déjà usé. Toutefois il lui restait du jarret et il avait l'habitude de cette espèce de gymnastique qui consiste à franchir une barrière d'environ un mètre de hauteur. Trois fois il répéta cet exercice avec succès et mérita le prix.

Deux autres chevaux coururent ensuite pour un pari : ils firent deux fois le tour de l'hippodrome avec beaucoup d'agilité et enfin l'un d'eux, parvenu au but avant l'autre, fit gagner à son maître la somme engagée.

Là encore c'était une fête toute anglaise. Les juges, les tenans, les coureurs, les chevaux tout était anglais : il n'y avait de français que parmi les spectateurs qui probablement se retirèrent aussi désappointés que nous de ce spectacle, annoncé avec tant d'emphase, et pour lequel on ne rougit pas d'exiger un franc au profit d'on ne sait qui. Nous connaissons des familles lilloises qui n'ont pas payé moins de soixante francs l'agrément de s'ennuyer durant trois heures à cette parade équestre qui fut pour tout le monde une véritable mystification. Quant à nous, modestes piétons, si nous y dépensâmes beaucoup de forces physiques en fatigue et en sueur, nous y gagnâmes en retour un immense appétit, que nous pûmes heureusement satisfaire à notre arrivée à l'hôtel.

Il faut ici placer un mot en faveur de cet établissement. L'hôtel où nous étions descendus et que des amis nous avaient recommandé n'est point précisément une maison de premier ordre en ce genre. C'est une auberge propre, bien servie, où descendent beaucoup de voyageurs du commerce qui ne veulent pas être traités trop à l'anglaise. Elle est tenue par un Belge commé Vanesse et a pour enseigne *Hôtel de Bruxelles*. Ce brave M. Vanesse nous accueillit avec une cordialité franche et une bonhomie naturelle qui nous plut. Sachant que nous attendions de nombreux camarades, il mit tous ses appartements disponibles à notre disposition, ce qui nous charma d'autant plus que cela nous dispensait de recourir à l'hospitalité de l'école mutuelle et de la paille fraîche ; cela nous assurait aussi le double avantage de coucher dans un lit et d'être dispensés de reconnaissance envers l'administration municipale de Boulogne.

Le gîte de nos camarades étant assuré, grâce à l'obligeance de M. Vanesse, nous les attendîmes désormais sans inquiétude. Ils arrivèrent le lendemain samedi, vers onze heures du matin.

Un grand bruit de chevaux, un mouvement inaccoutumé dans la rue, le cri de *vive l'empereur* qui retentissait avec force, nous annoncèrent leur approche. En effet, nous aperçûmes bientôt un immense *omnibus* attelé de six chevaux, rempli au dedans, couronné sur le faîte par une vingtaine de nos artilleurs en capotte d'uniforme et bonnet de police. Il s'arrêta devant l'*Hôtel de Bruxelles* et en moins de dix minutes la rue était encombrée de curieux qui se demandaient avec une extrême curiosité quels étaient ces hommes si dégagés, si résolus et cet uniforme qui paraissait pour la première fois aux yeux des Boulonnais. — Ce sont, répondit un spectateur, les artilleurs de la garde nationale de Lille. Cette réponse passa de bouche en bouche, en moins d'une demi-heure tout le monde fut instruit de leur arrivée et quand, un peu plus tard, la députation lilloise monta la grande rue pour aller à la ville haute, on entendait de toute part répéter par la foule : *c'est la garde nationale de Lille, ce sont ceux de Lille, c'est l'artillerie de Lille.*

La première démarche de la députation réunie, en grande tenue, fut à l'Hôtel de Ville. Plus heureux que la première fois, nous y trouvâmes M. le maire auquel notre commandant remit la lettre de M. Bigo que M. l'adjoint n'avait point acceptée l'avant-veille. M. le maire nous reçut dans une grande antichambre en désordre, décorée de peintures délabrées représentant des princes, des guerriers et d'autres personnages peints en pied. Il nous fit assez bon accueil et s'excusa de ne nous accorder que peu d'instans, attendu les occupations dont il était accablé et nous renvoya à M. Sansot pour nous entendre avec lui sur la place que nous devions occuper dans le cortège.

M. Sansot nous reçut comme la première fois dans son salon et en robe de chambre; notre commandant le remercia des logemens qu'il avait bien voulu nous offrir en lui disant que nous en avions fort heureusement trouvé d'autres. Il lui demanda ensuite quel rang nous était destiné dans la cérémonie du lendemain. M. Sansot répondit qu'il fallait que la députation sortît de la ville à midi et allât attendre à la porte de Calais la garde nationale de Boulogne qui devait la recevoir là, ainsi que les autres députations. Quant à la place à prendre dans le cortège, il nous dit : « Vous marcherez immédiatement « après les corps armés. »

En sortant de chez M. Sansot, nous avions l'intention de faire une visite à M. le général Létang, commandant le département du Pas-de-Calais et sous les ordres duquel on avait mis tous les corps réunis à Boulogne, pour l'auguste fête du lendemain. M. le général Létang était logé dans la maison même de M. Sansot qui nous dissuada de notre visite en nous disant que le général était encore au lit. Nous remîmes notre carte à un domestique et nous nous rendîmes chez M. le général Corbineau, à l'effet de lui présenter nos hommages. Son aide-de-camp vint nous recevoir et après s'être assuré que le général n'était pas dans son appartement, il nous témoigna le regret que celui-ci éprouverait d'une absence qui le privait de notre visite. Là encore nous remîmes notre carte.

En gens fidèles à l'étiquette, nous nous étions présentés successivement chez le maire de la ville, chez le commandant de la garde nationale, chez le général commandant le département et chez le général commandant la division ; une autorité nous restait à voir : M. le sous-préfet.

Nous nous présentâmes devant lui et M. le commandant Fréville lui dit qui nous étions et quelle mission nous venions remplir à Boulogne.

M. le sous-préfet est un tout jeune homme, aux belles manières, à la parole facile et paraissant accoutumé à vivre dans le monde. Il nous reçut avec une extrême politesse, nous complimenta sur notre belle tenue et sur le dévoûment dont nous faisions preuve en venant de si loin concourir à l'*embellissement des fêtes de Boulogne,* ce à quoi l'un de nous répondit que le seul but de notre voyage était de rendre un pieux hommage au héros qui porta si haut la gloire de la France et sut toujours faire respecter le nom français à l'étranger.

M. le sous-préfet s'était trompé en pensant que nous

étions venus à Boulogne pour assister à ses fêtes, et il comprit la portée de la réplique qu'on venait de lui faire ; car, laissant de côté ses premières paroles, il parla assez longuement de l'empereur en termes élogieux et nous félicita de la résolution patriotique que nous avions prise d'assister à l'*inauguration de la statue du grand homme.* A ces mots nous prîmes congé de lui.

Nous croyions bien en avoir fini avec les visites et nous descendions en silence la grande rue qui va de l'une à l'autre ville et semble entre elles comme un admirable lien, quand un farceur du peloton, un grenadier je pense, le loustic du détachement, car il y en a partout, nous proposa tout à coup d'un air grave et sérieux de nous présenter chez son éminence le cardinal Latour d'Auvergne, évêque d'Arras, pour lui faire nos complimens. Cette proposition souriait à quelques-uns ; elle fut mise en délibération, mais on l'écarta sur le motif que le prélat n'étant pas prévenu pourrait voir dans notre démarche tout autre chose qu'un acte de déférence et de respect. Au port ! au port ! cria-t-on alors dans les rangs, et nous descendîmes sur le port après avoir rompu en ordre.

Hormis quelques-uns de nos camarades qui étaient logés en ville chez des amis, la députation entière avait trouvé gîte à l'*Hôtel de Bruxelles.* Réunis dans un même lieu nous voulûmes manger à la même table et entre nous. Pour remplir notre intention l'estimable M. Vanesse avait improvisé une salle à manger sur une plate-forme en plomb qui recouvre ses remises. On y aboutissait par une croisée ouverte du premier étage et on l'avait mise à l'abri de la pluie à l'aide de toiles à voiles tendues obliquement comme un véritable toit. C'est là que trois jours durant nous vécûmes en véritables frères répétant en chœur des refrains patriotiques arrosés de Bordeaux et de Champagne et entremêlés de ces bons mots qu'excite la gaîté et qui font le charme de pareilles réunions.

Le lendemain dimanche, c'était le grand jour, le jour solennel, le jour attendu et désiré avec une vive impatience, le jour où devait apparaître aux regards des Français émerveillés l'image de l'homme qui réunit en lui le type le plus pur, le plus fidèle et le plus glorieux du caractère national.

Nous n'avons point à parler de cette auguste cérémonie dont nous avons rendu un compte fidèle dans l'*Echo du Nord*. Nous dirons seulement pour ce qui nous concerne que notre place dans le cortège fut celle que nous avait assignée M. le commandant Sansot, c'est-à-dire que nous marchions en tête des députations non armées venues des villes voisines. M. Fréville-Delange et M. Bulteau commandant de la garde nationale de Roubaix, vieux soldat décoré à l'armée d'invasion en 1804 et qui s'était joint à nous, précédaient nos deux sections; l'une, composée d'officiers, était commandée par M. L. Béharel, capitaine d'artillerie, l'autre formée de sous-officiers, artilleurs, grenadiers et voltigeurs était sous les ordres de M. Labbe, fourrier de l'artillerie.

. . . .

On sait que la cérémonie avait pour objet l'inauguration de la statue de l'empereur sur la colonne, en marbre du pays, érigée sur la plage d'où son armée menaça si long-temps l'Angleterre et fit trembler le fougueux Pitt sur son trône ministériel; on sait aussi qu'elle devait rappeler la plus importante solennité des temps modernes : la première distribution des étoiles de la Légion-d'honneur non-seulement aux braves qui l'avaient méritée par leurs exploits militaires, mais à tous les fonctionnaires qui s'en étaient rendus dignes par des services réels rendus à la patrie. Alors cet insigne honorable avait de la valeur, car il n'était point le prix de l'intrigue, de la défection, de lâches turpitudes, de la trahison, s'il faut dire le mot, comme on l'a vu de nos jours : c'était une noble et glorieuse récompense.

Elle eut lieu le 15 août 1804, jour de la naissance du grand homme, dans la vallée de Therlincthum, à deux kilomètres de Boulogne, sur un terrain qui s'incline doucement vers la mer et forme un vaste amphithéâtre, très favorable à l'éclat de la cérémonie. Vingt colonnes d'infanterie, de soixante hommes de front, sur une hauteur indéterminée, s'échelonnèrent sur la pente de cet amphithéâtre naturel. Elles étaient couronnées par la cavalerie, et l'espace conservé vide ne contenait que les états-majors généraux et les drapeaux des corps, placés en avant des légionnaires qui devaient prêter le serment. Au centre de ce théâtre, dont le rayon était de 50 toises, s'élevait le trône de l'empereur, ayant à ses côtés la garde impériale et toute la musique de l'armée. Le siège de ce trône n'était autre que le fauteuil antique du roi Dagobert, surmonté d'un trophée de drapeaux et guidons, pris dans les batailles de Montenotte, de Lodi, d'Arcole, de Rivoli, de Castiglione, des Pyramides, du Mont-Tabor, d'Aboukir et de Marengo.

L'armure en pied des électeurs de Hanovre figurait au milieu de ce groupe, et le tout était orné des guidons pourprés des beys d'Egypte.

Les décorations à distribuer aux légionnaires avaient été placées dans le casque de Duguesclin et sur le bouclier de Bayard.

Lorsque Napoléon parut, deux mille tambours battirent aux champs, et ne purent cependant pas étouffer les cris d'enthousiasme qui saluèrent l'arrivée du héros.

Alors commença la cérémonie. Les grands officiers, les commandants, les officiers et les simples légionnaires s'approchèrent successivement du trône, et reçurent individuellement des mains de l'empereur la décoration de la légion. Bientôt le canon retentit sur tous les points, et l'écho alla dire à l'Angleterre que le vainqueur de l'Italie et de l'Egypte distribuait des marques d'honneur à ses anciens compagnons d'armes.

C'est à la suite de cette imposante cérémonie, et afin d'en transmettre le souvenir à la postérité d'une manière durable, que l'armée, par un ordre du jour en date du 1.er vendémiaire an XIII, vota l'érection de la Colonne.

Voici la copie de cet ordre du jour dont les termes expliquent clairement et dignement la pensée de l'armée.

EMPIRE FRANÇAIS.

ÉTAT-MAJOR GÉNÉRAL.

(CAMP DE SAINT-OMER.)

Au quartier-général à Boulogne, le 1.er vendémiaire an XIII.

Les troupes du camp de Saint-Omer, voulant offrir au monarque dont le génie préside aux destins de la France un témoignage éclatant d'amour et d'admiration, ont résolu :

D'ériger un monument capable de résister aux siècles, qui, s'alliant aux souvenirs de sa gloire et de sa grandeur, atteste à l'univers, ainsi qu'à tous les âges, leur dévouement et leur fidélité au premier empereur des Français, de retracer à la postérité l'institution des récompenses décernées par le héros à l'honneur et à la bravoure ;

De consacrer la mémoire des immenses travaux créés par sa pensée, qui ont fait de l'espace occupé par l'armée un rempart formidable et le centre d'une expédition nécessaire au repos du monde ;

Et enfin de vouer à la vénération des peuples le lieu où l'empereur Napoléon venait partager les fatigues et les travaux de son armée, la façonner à de nouveaux combats, et préparer le succès de sa vaste entreprise.

Exprimant le vœu de l'armée, le maréchal commandant en chef arrête le programme suivant :

Sur un piédestal quadrangulaire, il sera élevé une colonne de 50 mètres d'élévation, surmontée de la statue colossale de S. M. l'empereur.

La statue de S. M. sera en bronze, revêtue des ornements impériaux ; elle portera le sceptre et la couronne.

Les quatre faces du piédestal présenteront :

Sur la première, l'hommage que l'armée fait de ce monument à Napoléon, premier empereur des Français ; le sujet sera allégorique et par inscription.

Sur la seconde, la cérémonie de la distribution de l'aigle de la légion-d'honneur par S. M. au milieu de l'armée, le 28 thermidor an XII.

Sur la troisième, les trois ports de Boulogne, Wimereux et Ambleteuse, et la flotille en rade.

La quatrième offrira l'aspect des camps, de la colonne et celui de la tour d'Ordre, poste consacré par le séjour qu'y a fait S. M. l'empereur.

Les tables des quatre faces du piédestal seront en bronze, et représenteront en relief les sujets exprimés ci-dessus.

Les ornemens du piédestal et le chapiteau seront en marbre blanc statuaire, et la colonne en marbre du Boulonnais.

Dans l'intérieur du piédestal, il sera pratiqué une chambre d'archives pour y renfermer l'historique de l'expédition, les médailles frappées depuis le gouvernement de S. M. l'empereur, et le contrôle de l'armée.

Les militaires de l'armée travailleront et concourront seuls à la confection de ce monument. Quatre commissaires seront désignés pour en suivre l'exécution.

La statue de S. M. l'empereur, ainsi que les reliefs et ornements du piédestal et du chapiteau, seront donnés au concours, aux artistes les plus distingués de l'empire.

La colonne sera placée entre le quartier-général impérial de la tour d'Ordre et le camp de la première division en vue du continent, en face du canal et des îles britanniques.

La première pierre de ce monument sera posée le 18 brumaire prochain, époque de l'anniversaire de la régénération de la France, sous le gouvernement réparateur de Napoléon-le-Grand.

Il sera fait à Boulogne une fondation à perpétuité pour la conservation de ce monument.

Le maréchal commandant en chef,

Signé SOULT.

Le général de division chef de l'état-major général,

Signé N. ANDREOSSY.

Pour l'adjudant-commandant sous-chef de l'état-major général,

L'adjoint SALLÉE.

Nous ferons remarquer ici quel fut l'enthousiasme avec lequel le projet d'élever une colonne à Napoléon fut conçu et accepté. L'ordre du jour qui précède porte la date du 1.er vendémiaire, et le 18 brumaire, la première pierre du monument est déjà posée par le maréchal Soult, accompagné de l'amiral Bruix et de tous les généraux présents à Boulogne. C'était alors un temps de vastes et nobles pensées et leur exécution, comme on le voit, ne se faisait pas attendre.

Cette pierre porte l'inscription suivante :

PREMIÈRE PIERRE

DU MONUMENT, DÉCERNÉ

PAR L'ARMÉE EXPÉDITIONNAIRE DE BOULOGNE

ET LA FLOTILLE,

A L'EMPEREUR NAPOLÉON,

POSÉE PAR LE MARÉCHAL SOULT, COMMANDANT EN CHEF,

18 BRUMAIRE AN XIII (9 NOVEMBRE 1804).

Les fondations de la colonne furent faites de rochers tirés de la falaise voisine ; elles reposent sur le roc, et le monument entier, qui a 53 mètres 60 centimètres de hauteur, est construit en marbre extrait des carrières de Marquise, auquel on a donné depuis le nom de marbre Napoléon. Il est d'un gris foncé agathisé et susceptible de recevoir un beau poli ; quelques parties des soubassements et de l'intérieur sont en marbre brun, également extrait dans le pays.

Le plan de la Colonne est dû à M. Labarre, architecte, qui, malgré quelques différences dans les détails, s'est évidemment inspiré de la colonne Trajane. Comme cette dernière, la colonne de Boulogne est d'ordre dorique composée et construite par assises superposées.

Des quatre bas-reliefs qui dans l'origine devaient orner le piédestal, le premier avait seul été exécuté ; il fut détruit en 1815.

Le muséum de Boulogne posséde les plâtres des bas-reliefs qui ont pu échapper à la destruction.

Le piédestal devait être surmonté d'un aigle en bronze aux ailes déployées, d'autres aigles également en bronze devaient être placés au sommet et supporter le pavois sur lequel devait être mise la statue de l'empereur.

Le couronnement, les aigles, la statue n'étaient pas achevés lors de la rentrée des Bourbons en 1815. Leur exécution ne fut point terminée.

La colonne de Boulogne eut à traverser des phases bien diverses ; de 1804 à 1815 elle fut poursuivie sous l'inspiration de la pensée qui avait présidé à son érection.

A la restauration, elle fut pour un instant oubliée ; mais en 1817 et sur la demande du conseil municipal de Boulogne, les travaux reprirent leur activité, après toute fois que le nom et la destination du monument eurent été complétement changés. Elle fut alors appelée colonne des Bourbons ; l'on arrêta qu'elle serait consacrée à perpétuer leur retour en France, et le 2 juillet 1821, une boîte en plomb contenant diverses pièces de monnaie, fut déposée par M. le baron Siméon, préfet du Pas-de-Calais, dans l'une des dernières pierres du noyau de l'escalier. Cette boîte contenait aussi une médaille en bronze à l'effigie de Louis XVIII, avec cette inscription :

Cette Colonne,
Votée par l'armée réunie à Boulogne,
D'où elle menaçait l'Angleterre,
A été commencée en 1804 ;
Devenue un Monument de paix,
Par la restauration du trône des Bourbons,
Elle a été achevée sous les auspices
De S. M. Louis XVIII,
Et consacrée au souvenir toujours cher aux Français
De son heureux retour dans ses états
En 1814.

Le monument fut provisoirement surmonté d'un globe fleurdelisé et doré, qui plus tard, devait céder la place à une statue de la paix. Quatre fleurs-de-lys furent sculptées aux quatre angles du tailloir du chapiteau.

Vint la révolution de Juillet, qui devait rendre à la colonne de Boulogne sa destination première, grâce au patriotisme des Chambres qui, sur une demande de crédit de 156,000 francs, présentée par le gouvernement pour terminer les travaux, ajoutèrent de leur propre mouvement une somme de 60,000 francs, afin qu'on pût placer au sommet du monument la grande figure de Napoléon; mais comme il fallait bien expliquer que le monument avait été achevé sous le règne de Louis-Philippe 1.er, la flatterie ne craignit pas de mentir à l'histoire en proposant une inscription ainsi conçue :

Ludovicus-Philippus I,
Francorum rex,
Quo loco Neapolio, imp.
Exercitui florentissimo, invicto, propugnatori patriæ,
Uti memoria ejus diei qui fuit XVI august., ann. MDCCC,IV
Gloriaque exercitûs
Monumento consecratæ, posteris traderentur,
Columnam
A Neapolione, IX novemb. ann. M,D.CCC.IV. inchoatam,
Opere diû intermisso,
Perficiendam curavit, dedicarique precipit.
M. D. CCC. XXXVIII.

Sur l'autre face :

Ici
Le XVI août M. DCCC, IV,
Napoléon, en présence de la Grande-Armée,
Distribua les décorations de la Légion-d'Honneur
Aux soldats, aux citoyens
Qui avaient bien mérité de la patrie;
Il voulut
Perpétuer le souvenir de cette journée par un Monument.
LOUIS-PHILIPPE I.er, roi des Français,
Erige cette Colonne
A la Grande Armée, à Napoléon,
M. DCCC. XXXVIII.

Triste exemple de la servilité à laquelle peut descendre un corps qui cependant n'est composé que des hommes les plus instruits de la nation. Empressons-nous

de dire que cette inscription ne fut point adoptée, grâce
à des réclamations parties de Boulogne même. On lui en
substitua une autre, maintenant gravée sur une des faces
du piédestal, et qui est conçue en ces termes :

Sur ce rivage,
Le XVI août M. DCCC, IV,
Napoléon, en présence de
La Grande Armée,
Distribua les décorations
De la Légion-d'Honneur
Aux soldats, aux citoyens
Qui avaient bien mérité
de la patrie;

——

Le 4.e corps commandé
Par le maréchal Soult
Et la flotille, sous les
Ordres du vice-amiral
Bruix, voulurent
Perpétuer le souvenir
De cette journée
Par un Monument.

——

LOUIS-PHILIPPE, roi des
Français, achève cette
Colonne consacrée
Par la Grande Armée,
A Napoléon.
M. DCCC. XLI.

L'exécution de la statue votée par les chambres a été
confiée au talent de M. le baron Bosio. Elle représente
Napoléon en grand costume impérial, tenant son sceptre
d'une main et de l'autre l'ordre de la légion-d'honneur.
Elle a cinq mètres de hauteur, et son poids est de 4,800 k.

Les bas-reliefs sont réduits à deux. Celui de la face
principale, dû à M. Bra, représente la cérémonie de
l'hommage, conformément au plan primitif. Napoléon
s'y trouve, assis sur son trône, entouré de ses généraux,
et recevant le plan de la Colonne votée par l'armée.

Celui de la face opposée, confié à M. Lemaire, représente la distribution des croix, le 16 août 1804.

Tous deux sont en bronze, environnés d'attributs
sculptés sur le marbre nu. (1)

______

(1) Nous ferons remarquer que ces bas-relifs ne sont point encore terminés et
qu'ils ne figuraient à la cérémonie qu'esquissés à la détrempe.

Aujourd'hui 15 août 1841, la statue de l'empereur Napoléon est enfin placée sur le monument que l'armée lui a voté en 1804 avec tant d'enthousiasme. Dans nos temps de troubles et de changements soudains, il n'a pas fallu moins de 37 années pour achever une œuvre qui paraissait, à l'époque où son exécution fut décidée, devoir être terminée dans un délai de 10 ans au plus. C'est que pendant ces 37 années l'armée, le peuple, le gouvernement ont dû faire de bien grandes choses, et s'occuper constamment de celles où leur attention se trouvait le plus vivement sollicitée.

De grandes victoires suivies de revers non moins grands; une double invasion, appelée et soutenue par des traitres restés impunis pour la plupart; un gouvernement renversé; un autre élevé en sa place et forcé par la nature même des choses de se défendre chaque jour contre des ennemis sans cesse renaissans; telles sont les vicissitudes à travers lesquelles la Colonne de Boulogne a dû passer, avant de parvenir au point où nous la voyons aujourd'hui.

Dans l'intervalle, et par une juste réciprocité, Napoléon avait pensé devoir rendre à son armée l'hommage qu'il en avait reçu. Si l'armée lui avait voté une colonne de marbre, payée des deniers du plus humble soldat, l'empereur à son tour éleva à son armée une colonne de bronze, dont les matériaux furent payés par les ennemis de la France. Entre le monument de Boulogne et celui de la place Vendôme, il existe donc une fraternité patente. Tous deux nous rappellent notre ancienne gloire; tous deux semblent nous indiquer ce que nous pouvons faire par le souvenir de ce que nous avons fait; tous deux ont à leur sommet l'image de celui qui porta nos destinées à un si haut degré de splendeur. L'un se trouve au centre de la France, l'autre à la frontière; l'un à la tête, l'autre au cœur. Tous deux enfin semblent nous dire qu'une invasion est désormais impossible, car l'ombre de notre grand capitaine veille sur nous, et si l'ennemi forçait, malgré nos efforts, les limites de notre territoire, à coup sûr il n'en sortirait pas vivant.

Les détails qu'on vient de lire sont extraits en partie d'une brochure publiée à Boulogne sans nom d'auteur; nous y ajouterons que dans les inscriptions qui existent aujourd'hui, la flatterie a eu soin de dissimuler, autant que possible, le nom de Napoléon en petites capitales et de faire ressortir celui de Louis-Philippe en caractères immenses. Allez, messieurs de la cour, allez, vils flatteurs de la puissance vivante, quelle que soit la grandeur de vos lettres flagorneuses, la petitesse de vos sentiments n'en saute pas moins à tous les yeux : vous ne rabaisserez pas ce qui est grand par lui-même et ne rehausserez pas davantage ce qui par sa nature est destiné à l'abaissement.

Encore une remarque :

Napoléon est représenté la face tournée vers la France et le dos vers l'Angleterre. On se demande si c'est bien là l'attitude qui convenait au héros; s'il n'était pas plus convenable de diriger son regard fier et menaçant sur le plus implacable et le plus persévérant des ennemis de sa puissance et de notre gloire. On assure, et nous y croyons sans peine dans ce temps de bassesse et d'humiliation, que la pose à donner à la statue a été l'objet de conférences diplomatiques et que c'est sur les représentations du ministère anglais et afin de ne pas blesser l'orgueil britannique que l'on s'est décidé à donner à Napoléon une attitude qui sied si mal à son caractère, lui qui n'a jamais compté le nombre de ses ennemis et les a toujours envisagés face à face.

Mais reprenons notre narration.

Un grand banquet donné par la garde nationale de Boulogne aux gardes nationaux des villes voisines, aux députations de l'armée et aux autorités civiles et militaires présentes à la cérémonie, était annoncé pour le surlendemain 17 août. A cet effet, plusieurs centaines de tables entourées de bancs en planches avaient été dressées sur un vaste terrain situé entre les deux villes, au lieu dit *les Tintelleries*. Nous avions reçu, comme tout le monde, l'invitation banale d'y assister, invitation imprimée et envoyée en grand nombre par la voie de l'administration des postes. Cela ne devait point nous suffire, car après les démarches de politesse que nous avions faites auprès de toutes les autorités, nous pensions mériter au moins la faveur d'une invitation particulière. Elle ne vint pas et nous résolûmes dès-lors de nous abstenir de paraître au banquet.

C'est après avoir pris cette résolution que le même jour à neuf heures du matin, d'accord avec la députation de Saint-Omer, qui s'était jointe à nous, nous fîmes ce pèlerinage pieux et solennel qui frappa si vivement les habitans de Boulogne et les nombreux étrangers qui en furent témoins. A neuf heures donc, réunis en bataille sur trois rangs vis-à-vis l'*Hôtel de Bruxelles*, nous fîmes par le flanc droit et toujours en ordre, observant le plus religieux silence, portant chacun une couronne d'immortelles à la main, nous nous dirigeâmes vers la colonne monumentale, pour rendre à la mémoire de l'empereur un dernier et éclatant hommage. Là, point de harangue, point de vains discours, point d'éloges fastidieux ou menteurs : le silence, un silence respectueux, calme et imposant. Chacun déposa sa couronne au pied du monument ; puis quatre acclamations retentirent dans les airs, éveillèrent les échos de cette vaste solitude, et montèrent jusqu'à l'homme auquel elles étaient adressées. Nous criâmes quatre fois *vive l'empereur !* et tout fut dit.

Au retour, même ordre, même silence religieux, même effet imposant sur le peuple, sur les soldats, sur tous les habitants.

Nos camarades de St.-Omer qui avaient fait avec nous le saint pèlerinage à la colonne, voulurent bien partager le déjeûner qu'on avait préparé pour nous et que nous leur offrîmes de bon cœur; dès ce moment nous ne nous séparâmes plus et les toasts à l'amitié, à la fraternité, à l'union de tous, à la grandeur de la France se succédèrent au milieu des élans d'une franche et vive gaîté.

Nous n'étions point encore au dessert, quand on vint annoncer qu'un officier de la garde nationale de Boulogne demandait à nous parler. Le commandant ayant donné l'ordre de l'introduire, cet officier nous exposa que ses camarades, ayant connu la résolution que nous avions prise de ne point assister à leur banquet, en avaient conçu un vif déplaisir ; il venait, en leur nom, nous prier de revenir sur une détermination qui leur faisait une peine infinie et aux motifs de laquelle ils étaient étrangers. Nous savons tous, ajouta-t-il, que vous avez de justes sujets de plainte contre les autorités; mais ce n'est pas nous, nous vos camarades, vos amis, vos frères, nous Français comme vous par les sentiments, qui devons en souffrir. Venez donc vous réunir à vos amis de Boulogne ; venez terminer ces fêtes, à l'éclat desquelles vous avez tant contribué, par un toast à la fraternité.

Déjà un autre officier était venu nous rejoindre à la colonne dans le même dessein, chargé de la même mission, et nous avions poliment résisté à ses instances. Il en fut encore ainsi dans cette dernière circonstance ; nous ne pouvions d'ailleurs accepter un banquet aux *Tintelleries*, au moment même où nous en donnions un à la députation de Saint-Omer à notre hôtel. Nous eûmes soin toutefois de bien affirmer à cet officier, que nos sentimens d'estime et d'affection étaient acquis à la garde nationale de la ville, et que si nous avions quelque plainte à former, (ce que nous ne faisions pas), elle ne pouvait certainement point les concerner. En témoignage de notre bienveillance amicale, nous le priâmes d'accepter un verre de vin et nous portâmes avec effusion la santé des gardes nationaux de Boulogne. Ce digne envoyé nous remercia vivement, porta à son tour la santé de la garde nationale de Lille et se retira visiblement ému de notre accueil, mais profondément affligé de notre refus.

À peine eut-il rendu compte à ses camarades de l'inutilité de sa mission, que la compagnie d'artillerie toute entière se mit en marche pour venir tenter une troisième et solennelle invitation. Nous ne crûmes pas devoir résister à une démarche si honorable, et nous promîmes à ces messieurs de nous rendre à leur banquet, non pour y prendre part, car cela était devenu impossible, mais pour faire acte de présence et leur donner une preuve de bonne amitié.

Nous nous rendîmes en effet aux *Tintelleries* qui offraient un spectacle charmant, un spectacle que la plume ne saurait décrire et dont l'imagination seule peut se créer l'idée. Figurez-vous ce vaste terrain disposé par la nature en amphithéâtre, garni de trois ou quatre cents tables, autour desquelles près de trois mille citoyens étaient assis ; représentez-vous, s'il est possible, cette immense réunion d'hommes, la plupart en habits de gardes nationaux, de troupe de ligne, d'artilleurs, de cuirassiers, de carabiniers, de hussards, de lanciers ; représentez-vous cette diversité d'uniformes de tous les genres, ce mélange pittoresque de toutes les couleurs s'harmonisant entre elles, et se faisant réciproquement contraste ; écoutez ces accords de musiques militaires exécutant des marches guerrières et se relayant sans relâche, afin de tenir les oreilles comme les yeux dans un état permanent d'ivresse ; retracez-vous tout cela par la pensée, et vous n'aurez qu'une faible idée du spectacle ravissant qui se présentait à nos regards.

Près de la table où nous avions pris place, les députations d'Arras et de St.-Omer étaient assises. Une santé fut proposée par un des commissaires du banquet : aux députations du Pas-de-Calais ! M. Frédéric Degeorge, capitaine de grenadiers, et rédacteur en chef du *Progrès* d'Arras, y répondit en ces termes :

Camarades,

Les toasts portés à l'homme qui éleva la France au plus haut degré de la puissance et de la gloire, ont été unanimes et nombreux. Le cri de *Vive l'Empereur!* qui remplit les airs, depuis trois jours, pieux souvenir donné au passé, reporte nos regards sur le présent, et du rapprochement des deux époques, sort un reproche pour ceux qui nous gouvernent, et un enseignement pour nous.

Enseignement utile, qui vous dit: Qu'au-dessus du culte au Général-Consul-Empereur-Roi, il est encore un culte plus digne des hommes libres : celui de la Liberté !

Les grands hommes sont périssables ; la Liberté seule est immortelle. Les nations qui s'attachent à la fortune d'un conquérant s'élèvent ou succombent avec lui. Les peuples que l'amour de la Liberté anime, survivent à la chute du chef qui les conduit.

1792, 1814, sont la personnification de deux époques qui ont droit de servir de leçon au monde. L'un vit la France, par l'esprit de la Liberté, vaincre les rois qui avaient conjuré sa perte ; l'autre vit la même France, oublieuse de la Liberté, conquise par l'étranger.

Napoléon méconnut les idées du siècle, et il se perdit, et il perdit la France. Notre héroïque République eut pour but la Liberté des peuples, et elle vainquit les rois, et elle affranchit les nations.

L'Empire, vaincu à Waterloo, reçoit la loi de l'étranger; la République battue à Grand-Pré, se relève à Valmy ; le républicain Hoche remplace le déserteur Dumouriez ; le capitaine Bonaparte reprend Toulon que des traîtres avaient vendu aux Anglais. C'est ainsi que les peuples, qu'anime l'esprit de Liberté, trouvent de nouvelles ressources au sein de leurs défaites même, et se retrempent d'une nouvelle énergie au milieu des dangers.

L'exemple de ces temps de dévoûment, de patriotisme et d'héroïsme ne sera pas perdu pour nous. Cette journée, où l'enthousiasme se révèle de toutes parts, nous en est un sûr garant. La génération de 1830 ne démentira pas celle de 1789; le courage intrépide des artilleurs Lillois de 1792, pères de ces artilleurs Lillois qui aujourd'hui nous entourent, nous écoutent, sera, si les circonstances le réclament imité par nous tous. Comme eux, pour l'indépendance et la Liberté de la France, nous affronterions la mort ; comme eux, nous exposerions nos cités, nos femmes, nos enfans, aux souffrances, aux périls et aux horreurs d'un siège qui, comme celui de Lille en 1792, devrait sauver la patrie. Jurons-le, camarades, et *Vive la Liberté !*

Cette allocution, brûlante d'énergie et de patriotisme, fut accueillie par une bruyante salve d'applaudissements.

La santé de la garde nationale de Lille ayant ensuite été portée par les gardes nationaux de Boulogne, Le capitaine Leleux, rédacteur en chef de l'*Écho du Nord,* après avoir remercié les Boulonnais, leur adressa les paroles suivantes :

« Messieurs et chers camarades,

» Nous artilleurs, grenadiers, voltigeurs de la garde nationale de Lille, ne sommes pas venus de si loin pour étaler à vos yeux nos épaulettes, et faire une vaine parade de notre uniforme. Un sentiment plus noble et plus patriotique a inspiré notre démarche. Français de cœur et de sentiments, nous sommes venus rendre un pieux et solennel hommage à celui qui fut grand par lui-même, grand par la fortune et plus grand encore par l'adversité.

» Cet homme réunissait en lui toutes les vertus patriotiques qui en faisaient, si on peut ainsi parler, le type sacré du caractère français. Dans son cœur vivaient l'amour de la patrie et la haine de l'étranger. C'est à ce double titre qu'il nous est cher.

» On n'attend pas de nous, enfants de la liberté, une adulation stupide ou irréfléchie pour l'homme qui détrôna la liberté en France ; ce que nous avons à dire de lui, et ce que nous proclamons bien haut, c'est que cet homme fut national par dessus tout, c'est qu'il porta loin la gloire du nom français et le fit partout respecter. Deux fois il déposa la couronne, et deux fois il refusa de la devoir aux concessions de l'étranger. Honneur à lui ! honte à ceux qui la reçurent de mains qui n'étaient pas françaises. Un moment, votre glorieuse colonne devait éterniser cette lâcheté, mais il n'en a pas été ainsi. Les hommes de juillet en ont fait justice, et c'est encore un de leurs triomphes que nous célébrons aujourd'hui.

Vivent les hommes de juillet !!!

(Acclamations générales : M. Degeorge et M. Leleux, tous deux décorés de juillet, sont entourés et pressés sur le cœur de leurs camarades).

» L'orateur qui m'a précédé, M. Degeorge, a fait ressortir dans son discours l'héroïque résistance que les artilleurs et les habitans de Lille opposèrent en 1792, aux efforts de la coalition ennemie ; nous sommes fiers de cet héroïsme de nos pères. C'est dire assez que nous sommes prêts à l'imiter.

» L'histoire n'a point fait, peut-être, une assez glorieuse mention de cette résistance qui a sauvé notre révolution. Jusqu'alors, l'ennemi n'avait rencontré devant lui que de braves soldats, dévoués jusqu'à la mort au salut de la patrie ; à Lille, il rencontra d'intrépides citoyens inspirés du même dévoûment, et l'écho de la Deûle alla redire aux coalisés de Pilnitz, que leurs efforts liberticides seraient désormais impuissans.

» Ils seront impuissans aussi, ceux qui oseraient attenter à une révolution non moins glorieuse et à l'indépendance nationale qu'elle a consacrée. J'en ai pour garant le patriotisme qui a éclaté dans tous les rangs de cette belle garde nationale de Boulogne, qui nous accueille d'une manière si distinguée, et à laquelle je porte un toast d'union et de fraternité. *Vive la garde nationale de Boulogne !* »

De nombreux applaudissemens suivirent cette improvisation ; et toujours accompagnés de nos amis d'Arras et de Saint-Omer, nous nous rendîmes au *Café Veyez,* pour terminer le repas par la demi-tasse de rigueur et le bol de punch de consolation.

Là recommencèrent les chants patriotiques. M. Catoire, l'un des nôtres, entonna *la Marseillaise*, dont il dit tous les couplets, et dont le refrain répété par tous les assistans, ébranlait les lambris de la salle. Plus de cinq cents personnes réunies devant le café, applaudissaient à nos chants et faisaient chorus avec nous. Les Anglais en eurent une panique effroyable et beaucoup d'entre eux quittèrent subitement la ville, à ce point que l'*Hôtel d'Angleterre* fut presque instantanément privé de tous ses habitans. (1)

Un capitaine d'infanterie de ligne qui nous avait aussi accompagné, pour nous démontrer que l'armée française était à l'unisson de nos sentimens patriotiques, entonna à son tour l'hymne de Rougé de Lisle, dont il redit toutes les strophes, d'une voix mâle et fortement accentuée. A ce couplet sublime :

> Amour sacré de la Patrie,
> Conduis, soutiens nos bras vengeurs,
> Liberté, Liberté chérie,
> Combats avec tes défenseurs.

Tous les auditeurs se découvrirent et ployèrent le genou, comme au temps heureux et regrettable de nos triomphes révolutionnaires.

M. le capitaine Leleux prit à son tour la parole et récita des couplets improvisés pour la circonstance, par un artilleur de la garde nationale de Lille, qui malheureusement n'avait pu nous accompagner. Ces vers, distribués à grand nombre au banquet, étaient ainsi conçus :

NAPOLÉON A BOULOGNE.

> En dépit de l'Europe altière
> Napoléon reprend son rang :
> Sur son bronze, le conquérant
> Sourit à la triple bannière :
> Longtemps conservons les fleurons
> Dont la gloire orna sa couronne :
> Salut, salut à la Colonne,
> De lauriers nous la couvrirons.

---

(1) Beaucoup d'Anglais étaient partis même avant la cérémonie.

C'était le géant des batailles ;
Devant lui rampaient tous les rois,
Quand sa forte et magique voix
Sonnait les grandes funérailles :
Nos soldats, parés de chevrons,
Savaient comment on brise un trône :
Salut , salut à la Colonne,
De lauriers nous la couvrirons.

Du peuple il tenait sa puissance ;
« Sois notre chef ! » — On avait dit. —
Et les étrangers l'ont maudit
Comme ils avaient maudit la France :
Lors, il mena nos escadrons
De Moscou jusqu'à Barcelone :
Salut , salut à la Colonne ,
De lauriers nous la couvrirons.

Et, lorsque vendu par la haine,
Il tombe, frappé de cent coups,
Des traîtres, jadis avec nous,
Vont l'enterrer à Sainte-Hélène ;
Puis ils flattent, les fanfarons,
L'ennemi qui, chez nous, moissonne :
Salut, salut à la Colonne .
De lauriers nous la couvrirons.

Il est là , sentinelle active, (*)
Les yeux fixés sur l'océan ;
Si l'Anglais , ce rusé forban ,
Ose encor salir notre rive ;
Pendant que nous sommeillerons
Sa voix sera l'airain qui tonne :
Salut, salut à la Colonne ,
De lauriers nous la couvrirons.

Nous , artilleurs, que Lille envoie
Pour accomplir un saint devoir ,
Nous conservons le noble espoir
De suivre l'immortelle voie.
O France ! que nous adorons,
Que demain ta trompette sonne ,
Et nous salûrons la Colonne :
De lauriers nous la couvrirons.

(*) L'auteur s'est trompé ; ON n'a pas osé mettre la statue en face de la mer.

> A Boulogne , toute la France
> Adresse un pieux souvenir ;
> Ici , peut-être l'avenir
> Nous promet un trésor immense.
> Ce trésor, que nous espérons,
> C'est la Liberté qui le donne :
> Dressons encore une Colonne ;
> De lauriers nous la couvrirons.

La lecture de ces couplets dont M. Bianchi est l'auteur, produisit un effet puissant sur l'auditoire, qui les couvrit d'applaudissemens.

Ici notre tâche de narrateur est à-peu-près finie : il ne nous reste plus qu'à mentionner notre départ le lendemain et la réception brillante que la garde nationale de Saint-Omer nous réservait.

A la nuit tombante, nous arrivâmes au lieu dit *Le Laert*, espèce de faubourg situé à deux kilomètres de cette ville, sur la route de Boulogne. Là nous attendaient depuis plus de deux heures, une partie de la garde nationale de Saint-Omer et la compagnie entière d'artillerie, ayant à sa tête le capitaine Godefroy avec musique et tambours.

Nous mîmes pied à terre et suivîmes le chemin vers la ville, au milieu de nos braves frères d'armes, au son de fanfares guerrières, au refrain de *la Marseillaise*, et aux cris répétés de *Vive l'Empereur!* Les habitans, attirés sur leurs portes et à leurs croisées, éclairaient notre marche, des lumières à la main. C'était comme une espèce de triomphe populaire, sans pompe officielle, sans habits brodés, décerné seulement par l'affection patriotique de trois à quatre mille citoyens.

On nous conduisit ainsi dans un café situé sur la grande place, où l'on avait préparé pour nous recevoir, une collation de 150 couverts. Cette réception amicale et fraternelle restera long-temps gravée dans nos cœurs, et c'est avec l'assentiment de tous, que M. le commandant Fréville en adressa ses remercîmens à M. le capitaine Godefroy, commandant de l'artillerie de Saint-Omer et président du banquet. Sa lettre, qui a paru dans le *Progrès du Pas-de-Calais* et dans *l'Echo du Nord*, doit prendre place ici comme complément indispensable de cette narration , que nous aurions pu faire plus courte , mais non plus fidèle. La voici :

*A **M. Godefroy**, capitaine commandant l'artillerie de la garde nationale de Saint-Omer.*

« Monsieur,

» L'accueil si franc, si amical et si distingué tout à la fois, que vous avez fait à la députation que j'avais l'honneur de commander , lors de son passage à Saint-Omer, a vivement touché le corps entier de la garde nationale de Lille, auquel j'en ai fait le rapport; je suis chargé par tous mes camarades, les artilleurs, les grenadiers et les voltigeurs de nos six bataillons, de vous en témoigner leurs vifs remercîmens.

» Quand une politique insidieuse et funeste tend à diviser les citoyens pour les opprimer isolément, vous avez senti qu'il devenait nécessaire de resserrer les liens de la fraternité universelle ; honneur à vous!

» Continuons, monsieur, à donner l'exemple de cette union contre laquelle viendront échouer tous les efforts du despotisme ; vous comprenez votre mission d'homme patriote, indépendant, ami de l'ordre et de la liberté ; nous la comprenons comme vous et nous serons heureux le jour où nous pourrons personnellement vous en donner une preuve irréfragable.

» J'ai bien l'honneur, M. le capitaine, de vous prier de recevoir mes salutations les plus respectueuses et d'être votre tout dévoué,

» Fréville-Delange,

«Chef du 2.e bataillon de la garde nationale de Lille.»

Le lendemain à huit heures nous entrions à Lille , où grondait un orage populaire qui le soir éclata avec violence , mais que nous fûmes assez heureux de conjurer sans malheurs.

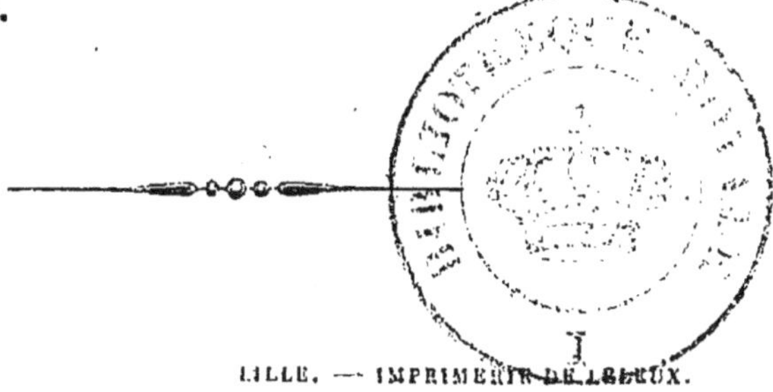